LA PERFECTION DES FEMMES.

Auec l'imperfection de ceux qui les mesprisent.

Par H. D. M. Prouençal.

A PARIS,

Chez IVLIAN IACQVIN, ruë de la Harpe à l'enseigne du Sauuage.

ET

NICOLAS ALEXANDRE, en l'Isle du Palais, vis à vis les Augustins.

M. DC. XXV.

Auec Priuilege du Roy.

A LA PLVS
PARFAICTE
FEMME DV
MONDE.

MADAME,
La deprauation de ce siecle est
montee iusques à vn tel degré
d'eminence qu'il est presque im-
possible d'acquerir le nom d'honneste homme
parmy les Gentils de la Cour, si on ne veut
blasphemer contre la vertu & les personnes qui la possedent. Or toutes les vertus, les
Muses, les Graces & les Sciences ont du
sexe feminin, pource que ce sont esté les femmes qui les ont inuentees: Il ne faut donc
pas s'esmerueiller si les hommes desireux de

ã ij

la reputation ſuſdicte meſdiſent des vertus,
& blaſphement ſi librement contre toutes
les femmes, bien auroit-on ſubiect de le
faire ſi ces hommes profeſſoient la ſageſſe,
& paruenoient à eſtre fauoriſez des cour-
tiſans du ſiecle, qui n'ont plus grand plaiſir
en ce monde, que de deshonorer par leurs
brocards & ſornettes les vertus et les
femmes vertueuſes, qui les ont enfantez.
Car ce ſeroit vn miracle, & iamais il n'a
eſté ny peut eſtre des hommes plus mal
propres pour en faire que ces Meſſieurs là?
Si nous voulons croire ce qu'ils diſent les
vns des autres, qui ne ſont qu'inuectiues,
iniurieuſes & vilaines, chacun d'eux pre-
ſumant d'eſtre plus habil-homme que ſon
compagnon, en detracte & ſe loüe ſi bien
que qui cueilleroit les ſentences qu'ils donnent les vns des autres, trouueroit qu'ils ne
vallent tous rien de leur propre adueu; car
il n'y a homme d'entre tous eux qui ne face
vne telle eſtime de ſes compagnons vnefois
en ſon temps, & qui ne ſe donne execra-

blement au diable que l'estime qu'il en faict
est tres-iuste. On ne doit doncques pas s'esmerueiller si tous les galants hommes qui
desirent de se mettre en la faueur des fan-
farons de ce temps, mesprisent toutes les vertus & les femmes qui les possedent, & les
exercent de tout leur pouuoir : Mais l'on a
bien iuste subiect de s'estonner, voyant que
ceux qui ont faict veu de chasteté & de
continence (comme l'autheur du liure qui
court de la malice des femmes) se meslent
de detracter de tout le sexe feminin , &
font des liures plains de calomnie contre
l'honneur des femmes , sans qu'il se trouue
personne qui les en reprenne ouuertement:
Car veritablement c'est vne meschanceté
du tout enorme à eux de faire tels liures,&
vne tres-grande honte à ceux qui ont des
femmes & des filles de ne les faire cha-
stier. Cependant, MADAME, l'impu-
dence des vns, & l'inaduertance des autres en sont montees iusques là que tout le
monde se mesle impunément de detracter

des femmes. Il n'est pas mesmes iusques
aux plus releuez en grades d'honneur, qui
ne s'estudient à faire quelque bon conte de
leurs voisines pour faire rire la compagnie,
sans considerer qu'en le faisant ils se diffa-
ment tous du costé de leurs femmes, & de
leurs propres testes: & donnent subiect aux
Poëtes du temps de se mocquer d'eux, et
les diffamer par leurs vers, que ceux de la
Lie du peuple mesme chantent par les car-
refours, au grand des honneur de tous ceux
qui ont des femmes & des filles, qui de-
uroient demander iustice contre tels galans.
Certes la peruersité du monde est si insup-
portable qu'il n'y a homme de bon sens qui
n'en soit iustement indigné s'il l'a consideré
de pres, & ne desire que tous les hommes
reuiennent à eux-mesmes, & se corrigent
de telles impertinences et meschancetez:
Mais nonobstant cela personne ne s'aduan-
ce pour la deffence des femmes, la coustu-
me qu'on a de mespriser ceux qui l'entre-
prennent, arreste tout court les plus zelez:

De façon que ie tiens pour chose tres-asseu-
ree d'estre mal mené de tous ceux qui de-
tractent des femmes, lors qu'ils sçauront
que i'entreprends leur deffence, si ie ne me
mets à l'abry d'vne personne, dont le merite
me puisse garantir des iniures de leurs blas-
phemes: & qui cognoisse de combien les vertus des femmes surpassent celles des hommes, comme vous le cognoissez fort bien
pour auoir veu les vns & les autres en exercice: C'est pourquoy, MADAME, ie vous
desdie ce Liuret, traittant de la perfection
des Femmes, & de l'imperfection de
ceux qui les mesprisent, auec asseurance
que personne n'osera tant seulement pen-
ser à m'offencer, s'il vous plaist, d'agreer
mon action, qui ne procede que d'vne iuste
indignation que i'ay contre le vice, & vn
parfaict amour que ie porte à la vertu que
vous possedez entierement, Il n'y a homme
au monde qui ait moins d'interest à la def-
fense des femmes que moy qui n'en ay point,
& n'en ay iamais eu, ny n'en veux auoir:

Mais ie croyrois grandement faillir de ne
les deffendre, eu esgard à leurs merites, & à
l'obligation que tous les hommes leur ont,
puis qu'ils sont leurs enfans. Ie vous prie
tres-humblemeut, MADAME, de considerer tout cela, & de receuoir mon liure, &
moy aussi en vostre protection : Car ie suis
et seray toute ma vie,

MADAME,

Vostre obeyssant seruiteur
Ho. DE M. Prouençal.

LA
PERFECTION
DES FEMMES,

Auec l'imperfection des hommes qui les messprisent.

PVIS que nous sommes obligez par les loix de la raison & de la nature mesme, de remercier ceux qui sans nous estre obligez nous donnent vn present precieux, & vn ayde profitable à nostre besoin, & de les louër eux & ce qu'ils nous dónent pour leur faire plaisir: c'est vne chose tres-certaine que nous sommes estroittement obligez de remercier Dieu du present precieux qu'il nous a

A

faict, & de l'ayde profitable qu'il nous
a donnée en nous donnant la femme
pour compagne ; car fans elle nous ne
fçaurions viure, & noftre race (qu'elle
nous ayde à perpetuer) feroit bien
toft perduë, nous ferions tellement
eftonnez, que tout plaifir fe retireroit
loing de nous, & n'aurions-nous pour
tout appanage que l'ennuy & la tri-
fteffe: mais comment pourrions-nous
viure fans femme? puis que noftre premier Pere qui eftoit le plus parfaict de
tous les hommes en puiffance & en
cognoiffance n'euft jamais de repos
ny de tranquillité en fon ame, iufques
à ce que Dieu luy euft donné vne femme pour ayde & foulagement. Ne
foyons doncques point ingrats d'vn
don fi precieux & fi riche, remercions
noftre Dieu qui nous l'a donnée, em-
ployás vne partie de noftre vie à louër
l'excellence de cette ayde, qui eft im-
comparable : nous ne meritions pas

de l'auoir, & Dieu nous l'a donnée,
fans eftre obligé de le faire, voire & à
fin que nous euffions plus de fubiect
de l'aymer : il l'a faicte de la cofte de
l'homme, de façon que fi nous venós
à la mefprifer, nous mefprierons le
plus honorable de tous nos membres
que Dieu a façonné & decoré d'vn
nombre infiny de vertus tres-exquifes
& de beautez efmerueillables, pour la
rendre plus propre à nous accóropa-
gner, ayder & augmenter & conferuer
noftre race, comme elle a faict. Dieu
nous l'a donnée pour chere compagne, & l'a crée quand à l'ame auffi fuf-
ceptible de raifon, & par mefme
moyen de toutes vertus honorables,
comme l'homme : voire, & l'a-t'il iu-
gée, luy qui ne fe trompe iamais en fes
iugements, plus puiffante plus charitable & plus fuffifante que l'homme,
puis qu'il a voulu qu'elle ait porté les
enfans qui feroient engendrez par

eux, & qu'elle euſt le ſoin de nourrir
eſleuer, & inſtruire à parler, mar-
cher & ſe conduire, & qui eſt vne preuue cent mille fois plus forte. Ieſus-
Chriſt, vray fils de Dieu a voulu naiſtre de la ſemence de la femme, & non
de celle de l'homme : C'eſt doncques
vne creature tres-parfaicte que la femme, puis que Dieu noſtre Sauueur ait
voulu naiſtre de ſa ſemence, pluſtoſt
que de celle de l'hôme ? Ouy elle l'eſt,
& eſt ſon aſſiſtance ſi neceſſaire aux
hommes qu'ils ne ſçauroient viure
ſans elle. Les premiers Romains qui
eſtoient les hommes plus accomplis
de toute la Gentillité, comme ils l'ont
fo.t bien teſmoigné par leurs œuures
excellentes, ne ſceurent point viure
ſans auoir des femmes, & les ayants,
il fallut qu'elles les deffendiſſent de
leurs ennemis offencez & puiſſants, &
moyennaſſent l'accord entre eux pour
les rendre pacifiques. De façon que

ces grands perſonnages furent obligez de leurs vies à la debonnaireté & à
l'induſtrie de leurs femmes , quoy
qu'ils les euſſent deſrobees, Et Rome
leur doit la grandeur de ſon Empire?
car ſans elles il fut mort en herbe, cô-
me l'on dit, & non ſeulement les Romains tiennent leur bonne fortune
des femmes; car tous les Empires pro-
ſperes en tiennent auſſi la leur . Auſſi
Dieu l'a donnée à l'homme pour l'ac-
compagner & l'aſſiſter, meſme le Roy
Dauid voulant donner la marque de
la benediction & amour de Dieu enuers vn homme, dit qu'il verra ſa femme operer & fructifier dans ſa maiſon : Comme voulans faire entendre
par là, que la femme qui eſt vn chef-
d'œuure de la main de Dieu, attire la
benedictió de Dieu dans vne maiſon,
comme l'aimant attire le fer, & l'am-
bre la paille, & faict que toutes choſes
y proſperent abondamment : Bref la

femme est la plus fidelle compagne
de l'homme, pour se ioindre à laquelle Dieu veut qu'il quitte toutes choses,
fo[n] son amour diuin, qui l'a faicte
pour luy, & l'vnit auec elle, si bien
qu'ils ne sont plus que deux corps en
vn. C'est la mere de la famille, la sour-
ce des contentements de l'homme, le
comble de ses delices, & de ses biens
en ce monde. L'Architecte & la con-
ductrice de l'ordre de sa maison, la
gardienne de son honneur, & l'orne-
ment tres-exquis de toutes ces richesses. Et cependant ô ingratitude nom-
pareille, il se trouue plusieurs parmy
le monde si m'escognoissans & si pro-
phanes qui mettent toute leur estude
& toute leur industrie à les blasmer &
diffamer autant qu'ils le peuuent faire
non pour autre cause, que pour se dó-
ner carriere, & faire rire le monde de
la gentillesse de leur esprit, qu'ils ap-
pellent, qui sçait noircir les choses plus

blanches, & dire le mot pour rire à
tout propos, & à tout bout de champ,
aux defpens de l'honneur d'autruy &
du leur. N'eft-ce pas vne chofe deplo-
rable que de voir les hommes m'ef-
prifer & diffamer les œuures que Dieu
a faictes à leur faueur? au lieu de luy en
rendre graces, & les aymer & honorer
pour l'amour de luy? Ouy veritablement que ce l'eft, & la plus déplorable
qui fe fçauroit voir. Neantmoins il
n'eft pas iufques aux Magiftrats, non
pas mefmes iufques aux Ecclefiafti-
ques, qui ne doiuent enfeigner que la
verité, qui ne quittent les affaires plus
importátes qu'ils ont felon leurs pro-
feffions honorables pour rechercher
les actions des femmes plus honne-
ftes & plus fages, affin de controuuer
ou inuenter quelque bon comte pour
rire d'icelles, & les mettre fur le papier
des mal-aduifez : de façon que qui
voudroit croire ce qu'ils en difent, il

ny auroit pas vne femme de bien en
tout le monde, voire & y vont ils auec
vne telle animosité qu'ils n'espar-
gnent pas tant seulement leurs paren-
tes plus proches, & leurs procedure en
est bien venuë si auant qu'il n'est pas si
miserable gaigne-denier qui ne dise
sans crainte d'estre puny, toutes les
femmes ne vallent rien, nostre iuge &
nostre beau-pere l'ont dit.

C'est iusques-là que la mescognois-
sance & le libertinage emportent les
hommes, que s'il ne plaist à Dieu d'en
faire bien tost la iustice en ce monde,
ces vices les emporteront bien plus
auant, puis qu'il est permis à tous les
mauuais de publier leurs calomnies,
mesmes de les faire imprimer, sans
que personne daigne de s'y opposer.
Quoy? les gens de bien ne deuroient-
ils pas rougir de honte, de voir qu'on
supporte cela. Non, non, c'est trop
enduré, l'indulgence augmente le vice. Il

ce. Il faut repouſſer l'iniure ſur ceux
qui la font, c'eſt raiſon & iuſtice.
Cóbatons donques pour l'honnèur
des femmes, que Dieu nous a faites&
donnees pour noſtre bien, & faiſons
voir l'ignorance, l'impertinence &
la mauuaiſe foy de l'Autheur de la
malice des femmes, refutós ſes priñ-
cipales allegations : car en le faiſant
nous ferons voir que toutes les accu-
ſations qu'on faict contre le general
des femmes ſont fauſſes , & de nulle
valleur, puis qu'il les a curieuſemeñt
recherchees, & les allegue toutes
pour prouuer ſa malice ſelon ſa
paſſion.

Remonſtrance touchant le liure qui court,
intitulé, la malice des femmes.

QVI veut auoir de l'eau claire &
nette, il la doit puiſer à la ſour-
ce qui la donne. Et qui veut appren-

dre les vertus & les honneſtes exerci-
ces il doit frequenter & obſeruer les
Maiſtres qui les enſeignent & prati-
quent ſans s'amuſer ailleurs. Car c'eſt
vne choſe ordinaire, que les eſcoliers
retiennent touſiours quelque choſe
des leçons, & des mœurs de leurs
maiſtres, & de ceux qu'ils frequen-
tent le plus, ſoient elles bonnes
ou mauuaiſes. C'eſt pourquoy tous
les ſages loüent la cõpagnie des gens
de bien, & blaſment celle des hommes meſchans. Et les hommes plus
experimentez & plus veritables
voyans vn homme vertueux, diſent
qu'il a frequenté les gens de bonne
doctrine & probité. Et voyans vn
homme depraué en ſes mœurs & en
ſes diſcours, ils concluent qu'il a hã-
té, & s'eſt entretenu aux mauuais
lieux, & auec les mauuaiſes perſonnes. Suyuant cela, ſi l'autheur de la
malice des femmes nous faiſoit vn

long dénombrement des femmes
vertueuses & de leurs actions loüables produisans plusieurs Eloges à
leur honneur, nous pourrions dire
qu'il auroit frequenté les cópagnies
des gens de bien. Car ces compagnies-là s'entretiennent ordinairement, sur les discours de telles personnes, soit pour rememorer leurs
belles actions, & les celebrer & proposer pour estre imitees, comme
elles en sont tres-dignes, soit pour se
conjouyr en les loüant de les auoir
pour exemplaires. Mais puis qu'il ne
s'amuse qu'à nous reciter les noms, &
les abominations des femmes, qui
ont fait banqueroute à leur hóneur,
& se sont prostituees à toutes sortes
de vilenies & meschancetez. Il est à
presumer, qu'il s'est plus delecté au
bordel receptacle & manege de telles personnes perduës, qu'à l'Eglise
& autres assemblees de gens d'hon-

neur, où il euſt peu apprendre que
la memoire de ceſte ſorte de gens, &
de leurs vices doit eſtre eſtouffée, &
non publiée comme il la publie par
ſon traicté de malice, puis que c'eſt
enſeigner les vices que d'en mettre
la memoire en public, comme il
faiét.

Et d'autant qu'il s'aigrit ſi fort à
les injurier, qu'il blaſme tout le ſexe
des femmes auec elles, nous conclurons tres bien de dire qu'elles l'ont
mal traicté:car ie ne le crois pas ſi deſ-
naturé, qu'il vouluſt meſdire ſi cruellement des perſonnes ſans en auoir
receu de l'outrage : Ny ie ne le crois
pas ſi incenſé, qu'il peuſt extrauaguer
ſi fort comme il fait, diſant mal de
toutes les femmes à chaque page de
ſon liure, s'il ne ſentoit des angoiſ-
ſes extrémes du mal qu'il a pris auec
telles desbordées, ou des nodus qui
luy en ſont demeurez. Çar il eſt

trop religieusement charitable à ce qu'il en escrit. Dailleurs, il dit à tous propos qu'il n'entend parler que des folles; Il est doncques excusable en quelque façon, car selon l'ordinaire qui mal sent mal parle. Ceux qui ont senty les angoisses du mal d'amour, diront que la rage le fait ainsi blasphemer : Et de fait, il nous fait vn bel aduertissement au commencement & à la fin de son liure, nous solicitant de fuïr les femmes qui l'ont mal traité, la compagnie desquelles, il dit estre l'Enfer, comme estimant que les angoisses qu'il ressent du mal qu'elles luy ont donné, sont les angoisses infernalles, tellement elles l'affligent & le desolent. Ie ne me dois donc pas arrester à tout ce qu'il dit pour le refuter: Mais seulement à ce qui pourroit auoir quelque puissance d'attirer l'inimitié des hommes imprudents & de facile

creance qui ne font qu'en trop grand
nombre deſſus les bras des bonnes
femmes, car les hómes ſages & bien
nays ne ſçauroient viure ſans les aymer cóme elles le meritent fort bien.
Venons doncques aux blaſmes qu'il
dóne iniuſtement à tout le ſexe feminin, apres auoir notté que tous les
teſmoins qu'il allegue & dit auoir
depoſé contre les femmes ſont hommes iniuſtement indignez contre
elles, les vns pource qu'elles les ont
refuſé, les autres pource qu'elles les
ont empeſchez de prendre leur bien,
qu'ils leur vouloient oſter, les autres
pource qu'elles ne les ayment pas
debauchez & perdus comme ils ſont,
les autres en parlent comme le Re-
nard des ceriſes, qui les mépriſe
pource qu'elles ſót trop hautes pour
luy, & les autres qui ont fait vœu de
chaſteté, les blaſment pour les faire
fuir d'auprés d'eux, & induire leurs

ſemblables à les fuïr. De façon qu'ils
ſont tous recuſables & ne doiuent
point eſtre creuz en ce cas. Encore
eſt-il à conſiderer qu'il emmene plus
de fables que d'Hiſtoires receuables
pour prouuer ſon dire, Et de plus,
que tous les bons teſmoignages qu'il
apporte des bonnes Hiſtoires, ne
contiennent que quelques exemples particuliers, ſi clair ſemez, qu'à
peine en peut-il trouuer demy dou-
zaine dans neuf ou dix Siecles, quoy
que les ennemis des femmes, & par
meſme moyen du genre humain qui
periroit ſans elles, ſoient plus curieux
de les recueillir & publier, que de ſe
faire ſages, teſmoin luy-meſme qui
quitte ſa profeſſion ſans raiſon ny be-
ſoin aucun pour ramaſſer les incom-
moditez des drolleſſes & les attribuer à tout le ſexe feminin pour ſe
venger d'vne garce qui l'a mal traité.
Il faut croire que ſi les femmes

estoient aussi folles qu'il est, & quittent leurs affaires, comme il fait pour recueillir les sottises & les meschancetez de leurs aduersaires, la chairté du papier seroit telle qu'à peine en pourroit-on trouuer pour les contracts de mariages : C'est doncques vn grand bon heur qu'elles soient plus sages & meilleures que luy. Car si elles ne l'estoient, les affaires iroiẽt tres-mal pour tout le monde. Mais voyons vn peu comme il se sert de son sçauoir & des tesmoignages qu'il allegue pour prouuer ce qu'il veut, & se venger de celle qui l'a mal mené (qu'il appelle la plus mauuaise femme du monde, & luy dedie son liure sans l'ozer nommer par son nom, ny dire le sien mesme, craignãs d'estre mocqué de tout le monde, & puny par Iustice de ses impertinences & meschancetez.)

1. Il dit que la femme est vn animal

mal tref-auide. 2. Vn abifme de beftife. 3. Paulcefoy. 4. Gofier babillard.
5. Herine armée, 6. Feu enuieux, 7.
Confufion de calomnies, 8. plaifante
contagion, 9. Monftrueux menfonge,
10. Naufrage de la vie, 11. Artizanne de
la haine, 12. Augmentatrice du peché,
13. Ennemie du repos, 14. Ruyne des
Royaumes, 15. Foreft d'Orgueil, 16.
Tyrannie, 17. Vanité des vanitez,
18. Humeurs des Xerces, 19. Yuroi-
gneffe. eshontee, 20, & Zelle ialoux, qui font toutes Epithetes, non
feulement blafphematoires, mais im-
pertinentes, & auffi mal appropriees
qu'ó le pourroit faire, mais quoy il les
approprie felon fon fentiment. Il n'a
pas eu dequoy contenter fa paillarde,
c'eft pourquoy il les nomme animal
auide : elle l'en a blafmé, de là vient
qu'il l'appelle Abyfme de beftife,
comme eftimant que c'eft la plus
grande beftife de toutes, que de de-

mander l'impoſſible ; Elle a cherché
d'autres ouuriers que luy, de là vient
qu'il la dit fauſſe foy, mais il a tort, car
s'il l'euſt contentee ſelon ſa promeſ-
ſe, elle n'euſt pas pris du ſecours. Elle
ſe plaint de ſes reproches, auſſi il la
nomme goſier babillard : Où il monſtre ſon ignorance, car les goſiers ne
babillent pas. C'eſt de l'abondance
du cœur que la bouche parle. Elle l'a
eſgratigné lors qu'il l'a voulu battre,
de là vient qu'il l'appelle Herine armee. Il l'appelle feu enuieux, mais
c'eſt ſans raiſon : car la femme n'eſt
pas vn feu où les Philoſophes ſe meſ-
content, lors qu'ils diſent que la femme eſt plus froide que l'homme : car
le feu n'a ne peu ne prou de froideur,
& eſtant, comme il eſt, vn element
inanimé il ne peut eſtre enuieux. Il la
nomme confuſió de calomnies, mais
cela vient de ce qu'il ſe confond en les
entaſſant, & ne ſçait ny ce qu'il fait, ny

ce qu'il dit. Il s'est pleu à prendre la
Galle de Venus auec elle, c'est pourquoy il la dit plaisante contagion : Il
l'appelle monstrueux mésonge, mais
par ignorance : car la femme n'est pas
vn mensonge, & ne le peut iamais
estre, puis que le mensonge n'est
qu'vne parole, qui denonce faux du
necessaire. Il croit que sa galle, qu'il
à prise auec elle est sa mort, cela faict
qu'il la tient pour naufrage de sa vie.
Elle luy a donné son mal, & de son
mal vient sa haine, de là vient qu'il
l'en dit Artizane. Il auoit peché, &
l'a encore auec elle, cela l'induit à dire
qu'elle est augmentatrice du peché.
Mais il est vn badin : car par ceste
mesme raison, luy qui a peché auec
elle est augmentateur du peché : Il la
dit ennemie du repos, pource que la
galle qu'il en tient le luy faict perdre.
Il la nomme ruyne des Royaumes,
pource qu'il presume d'estre fort con-

siderable, & que la perte qu'il estime
venir d'elle ruynera tout l'estat : mais
il se trompe le pauure homme, il n'en
est pas si auant. Il l'appelle Forest
d'orgueil, mais c'est sans sçauoir pourquoy. Elle a tiré son argent, & luy a
donné du mal, cela faict qu'il luy crie
cruelle tyrannie, & vrayement il a raison : car elle l'a mal traicté. Brief, il
l'appelle vanité des vanitez, humeurs
de Xerces, Yurongnesse eshontee, &
Zelle ialoux. Mais cela luy est par-
donnable, puis que son mal surpasse
de beaucoup sa raison & son eloquen-
ce : Voilà comme il vuide son esto-
mach pour se soulager : mais il à tort
de ne mesurer ses forces plustost que
d'entrer en lice : car s'il les mesuroit, il
verroit que puis qu'il n'a dequoy se
venger de sa mal faisante, à peine
pourra t'il conuaincre & reduire toutes les autres, & est vn sot, respect sa re-
uerence, d'attribuer les vices de sa

drolleſſe à toutes les femmes du monde , comme il le faict par le tiltre de
ſon liure, & par les raiſons ſuyuantes
que ie refute pluſtoſt pour monſtrer
ſes extrauagances & foibleſſe d'eſprit,
que pour deffendre les femmes de
bien qui ſe deffendent aſſez d'elles-
meſmes, Dieu mercy , & ont tous les
honneſtes hommes de leur party.

Venons aux preuůes de ce Docteur
alteré. Il tiltre ſon liure Alphabet de
l'Imperfection & Malice des femmes, & dit dés le frontiſpice de ſon liure , *De mil hommes i'en ay trouué vn*
bon, & de toutes les femmes pas vne. Et
n'oſant pas mettre ſon mal en veuë,
pour demonſtrer la verité de ſon dire,
il allegue l'eſcriture , *Eccleſ.* 7. En
quoy il ſe monſtre profane & peruer-
tiſſeur tout enſemble: Car l'eſcriture
ſaincte ne ſe doit alleguer, que pour
preuue de choſes ſainctes, & pour inſtruire à bien ſelon le vray ſens d'icel-

le, qui en ce lieu eſt, que d'entre tous
les hommes (car par mille on peut
entendre tous) il s'en eſt trouué vn
parfaictement bon, lequel eſt Ieſus-
Chriſt vray fils de Dieu, qui eſt le ſeul
d'entre tous les hommes, qui a eſté
conceu du S. Eſprit, & eſt né de la
Vierge Marie, comme les Apoſtres le
diſent en leur Symbole, & tous les
vrais Chreſtiens le croyent. Mais que
d'entre toutes les femmes il ne s'en eſt
pas trouué vne bonne auec toute cette perfection. Car quoy que la bien-
heureuſe Vierge-Marie ayt toutes les
perfections qu'vne Vierge peut auoir
pour eſtre immaculee, pure, bien-
heureuſe, ſaincte, mere de Dieu &
eternellement Vierge, ſi eſt-ce qu'elle a eſté fille d'vn homme & d'vne
femme, & non conceuë par la ſeule
operatiõ du ſainct Eſprit, & née d'vne
Vierge, comme Ieſus-Chriſt eſt né, ny
n'a-elle pas eu toutes les vertus. &

puissances de Iesus-Christ, de façon
qu'il est abusé, s'il croit que ce texte
qu'il allegue prouue qu'il n'y a pas vne
bonne femme, comme le sens de la
lettre le porte, sa façon d'entendre
l'escriture est doncques prophane &
peruerse, & s'il se vouloit ainsi seruir
du texte, qui dit que tout homme est
menteur Ps.115. il conclurroit que tous
les hommes mentent, comme il faict,
& comme le texte le dit.

Pour sa preuue deuxiesme, que ie
remarque, il dit pag. 32. de son liure,
que toutes les femmes excepté la bié-
heureuse Vierge Marie, sont mauuaises, voicy ses propres paroles : *Et afin,*
dit-il, qu'on ne pense que i'en veuille excep-
ter plusieurs en nombre, l'escriture saincte
n'en excepte qu'vne, qui est la Vierge sa-
cree Marie, selon le sens de ce passage des
Cantiques : **Comme le lys est entre les espi-**
nes, ainsi mon amie est entre les filles. Où
le sainct Esprit compare la saincte

Vierge aux lys, & les autres filles, *d'A-
dam aux espines*, Pour sa troisiesme
preuue que ie veux remarquer : Il
dit page 62. Nous pouuons remarquer en la creation de la femme
qu'elle seroit en l'homme vn esprit
de contradiction : Car Dieu for-
ma son corps d'vne sienne coste toute
tortuë & de trauers, pour augure que
la femme luy seroit sinistre & côtraire
en toutes ses actions. N'est-ce pas
vne belle conception que celle-cy,
pour instruire le móde à la foy Chre-
stienne? Mais plustost n'est-ce pas vné
marque tres-certaine d'vn espritblessé
& peruerty, qui ne cherche que le
nom de blasphemateur & d'impie?
Certainement cela: Car c'est vn grand
blaspheme & vne grande impieté de
dire que Dieu ait voulu creer quelque
chose de meschant à dessein de trom-
per l'homme pour qui il a creé toutes
choses, & pour qui il a souffert la mort
igno-

ignominieuſe de la Croix. Et c’eſt per-
uertir le ſens de l’Eſcriture & y adiou-
ſter, que luy faire dire que Dieu a fait
la femme de la coſte d’Adam , pour
monſtrer qu’elle auroit l’ame entra-
uerſee & tortue comme la coſte , & ſeroit contraire à l’homme. Car elle ne
dit point cela ; ains que Dieu voyant
qu’Adam ne ſçauoit & ne pouuoit viure ſeul, prononça ces mots; *Il n’eſt pas
bon que l’homme ſoit ſeul , faiſons luy vne
ayde.* Non doncques vne partie ad-
uerſe & ennemie, comme ce fol eſchaudé veut qu’il luy ait fait. Apres a-
uoir ainſi abuſé de l’eſcriture ſainċte,
il conclud auec vn Poëte eſchaudé
comme luy.

Bonne Mule mauuaiſe beſte,
  Bonne femme mauuaiſe teſte.
Et auec vn diſcoureur offencé , &
eſtrauagant comme luy. *Une bonne
Femme, vne bonne Mule , & vne bonne
Cheure ſont trois mauuaiſe beſtes.* Par tou-
D

tes lesquelles allegations il encloft
toutes les femmes dans la fpelonque
des vices de fa mal-faifante, fans en
excepter vne feule fors la Vierge Marie. Et pour faire croire que toutes les
femmes font incapables de toutes
œuures. Il dit qu'Ariftote affeure que
les femmes font incapables de donner confeil, de gouuerner les villes, de
moyenner la paix & la concorde, de
faire paroiftre vn grand courage, &
d'atteindre à la perfection des fcien-
ces : Encore pour mettre quelque
chofe du fien, *page 42.* Il eft hors de
controuerfe, que la femme eft plus
laffiue & plus infatiable de l'impure
volupté que l'homme, & par confe-
quent moins iudicieufe, & moins capable de raifon en tous fes deporte-
mens.

Mais ce n'eft pas tout, il dit, *page*
144. que l'iniquité de l'homme eft
meilleure qu'vne femme bien faifan-

te, pourquoy prouuer, il allegue l'escriture, qui le porte *Eccl.* 42. & dit, *que ce texte parle ainsi, comme voulant dire secrettement , qu'il vaudroit mieux estre en la compagnie d'vn brigand, qu'auec la plus pieuse femme du monde.* Voilà ses allegations, faisons voir qu'il ne les entend point, & qu'elles ne font rien pource qu'il veut prouuer, qui est plus faux que la faulseté mesme, & aussi que l'experience monstre, comme les femmes font pourueuës de toutes les vertus plus vtiles & plus honnestes, & s'en feruent bien à propos en toute occasion loüable. Pour prouuer que toutes les femmes (car il n'en excepte pas vne) font impropres à donner conseil, incapables de gouuerner les villes , de moyenner la paix & concorde, de faire paroistre vn grand courage, & d'atteindre à la perfectïon des sciences & des arts. Il allegue Aristote qui le dit, & vn grand

D ij

nombre de femmes de l'antiquité,
qui ont donné de mauuais conſeils,&
les ont ſuyuis à la ruyne de leur pa-
trie,& ont eu faute de courage & de
ſçauoir. A cela ie reſpons, qu'Ariſto-
te nous a faict voir par ſa mort, qu'il
eſtoit luy meſme incapable de donner conſeil, & de tout ce que deſſus,
puis que ne pouuans cognoiſtre ce
qu'il deſiroit touchant la nature du
flus & reflus de la Mer, il n'eut pas l'eſprit de ſe reſoudre en ſoy-meſme; ains
deſeſperé, comme vn fol, il ſe preci-
pita dans la Mer proche de Chalcis,
ville de l'Iſle Euboea, qui eſt pres de
l'Euripe, vis à vis d'Aulide : Et par
conſequent qu'il n'eſt pas croyable,
non plus que luy qui le cite, puiſque
les fols ne le peuuent eſtre en faict de
Sageſſe. Pour le regard des folles
femmes qu'il allegue ie dis qu'elles
ne peuuent en rien deroger à la bonté & au bel eſprit de femmes ſages, &

ſi les femmes vouloient alleguer le
nombre preſque infiny d'hommes
meſchans, fols & incapables de conſeil, de conduite & de ſcience, qui ſont
eſté depüis le premier homme iuſ-
qu'auiourd'huy, pour prouuer par là
que tous les hommes fuſſent incapables de toutes les vertus ſuſdites, comme il veut prouuer par ſon recueil de
femmes mal moriginees, que toutes
les femmes le ſont : Elles entrepren-
droient vne beſongne impoſſible, &
ſe feroient mocquer d'elles, comme il
ſe fait mocquer de luy. Car il n'eſt
perſonne de bon ſens, qui ne cognoiſ-
ſe & ne die, que les perſonnes vertueuſes ne doyuent pas eſtre reiet-
tees pour les mauuaiſes conditions
des perſonnes vicieuſes & peruerſes:
D'ailleurs, il ſe trouue plus de Repu-
bliques ruynees, & de Couronnes ter-
racees par les defauts des hómes que
par ceux-là des femmes ; voire, & peut

on dire auec affeurance, que toutes les ruines des eftats font aduenuës par les hommes qui ont pris la maiftrife & l'Empire tyrannique fur les femmes depuis qu'ils font au monde. Car s'ils euffent bien gouuerné, puis qu'ils en prenoient la charge, les maux ne fuffent pas arriuez comme ils font : c'eft doncques fans raifon qu'on en accufe les femmes : Car nul ne peut refpondre de ce qu'il n'a pas en charge. Quant à ce qu'il dit que la femme eft plus laffiue & plus infatiable de l'impure volupté que l'homme , & par confequét moins iudicieufe & moins capable de raifon en tous fes comportemens : Le contraire s'en peut prouuer facilement, non feulement par les hiftoires, mais par la raifon, & la verité mefme : car ce ne font pas les femmes qui recherchent & forcent les hommes pour en venir au point de la laffiueté, qu'il appelle im-

pure volupté, & ne sçauroit-il en dó-
donner vn seul exemple formel, dont
l'effect s'en soit ensuiuy. Et òn luy en
pourra donner cent mille, en tous les
siecles des hommes qui ont, non seulement recherché, mais forcé les femmes de leur complaire en ceste volupté amoureuse : car tous les Parle-
mens , Seneschauffees , Bailliages &
autres lieux de Iustices sont rem-
plis des procez intentez contre tels
violateurs. Et nous voyons encore
tous les iours qu'il n'y a si ieune ny si
vieux , si riche ne si paure homme,
qui ne recherche pour ioüir de ce
plaisir: ce qui ne seroit pas si les hom
mes ny estoient enclins cent mille-
fois plus que les femmes : car nous
ne voyons pas les femmes courir les
ruës pour demander la courtoisie
pour de l'argent aux hommes, comme les hommes font aux femmes ,&
elles le feroient pour plaisir sans ar-

gent & pour plaifir, fi elles y eftoient
tant fubiettes comme dit noftre ad-
uerfaire, ce qu'elles ne font pas, comme il fçait bien auffi, & tous ceux qui
veulent auoir la faueur d'elles. D'ailleurs, il n'y a pas de cent mille femmes dix qui veulent faire plaifir pour
de l'argent , ny autrement, & nous
voyons tous les hommes, & mefme
ceux qui font bien mariez rechercher
la femme de leur voifin , fa fille &
mefme la feruante fi elle eft de bonne
grace, pour les débaucher : Ce qui ne
pourroit pas arriuer ainfi fi les hommes n'eftoient plus enclins à ceft acte
que les femmes. De façon que d'alleguer des hiftoires pour prouuer
que les hommes font plus fubiects
à rechercher les femmes, que les femmes les hommes ce feroit temps perdu : car tout le monde voit bien que
cela eft, s'il le veut regarder. Et fi l'in-
clination à cela rend les perfonnes
incapa-

incapables de bien iuger, & bien ordonner; les hommes qui y font plus
enclins, feront moins propres à bien
gouuerner que les femmes.

Pour le regard de ce qu'il dit fur le
paffage, qui dit que *l'iniquité de l'homme eft meilleure que la femme*: à fçauoir,
Ce texte parle ainfi, comme voulant
dire fecrettement, qu'il vaudroit
mieux eftre à la compagnie d'vn brigand, qu'auec la plus pieufe femme
du monde, *tenta enim mulier*: là où
vous pourrez eftre affez long temps
auec vn volleur, *fans confentir à fon de-
plorable exercice*. C'eft vne interpreta-
tion à fa mode, qui ne fait rien pour
ce qu'il veut prouuer, qui eft que la
femme eft vne plaifante contagion,
& vn monftrueux menfonge. Et ce
qu'il dit, que fi Dauid n'euft point
veu Berfabee, qu'il n'euft pas peché
auec elle: Et fi les Vieillards n'euffent
pas veu Sufanne par plufieurs fois, ils

n'euſſent pas entrepris de la forcer, &
ne l'euſſent pas accuſee : Et que ſi
Leandre n'euſt pas veu Hero , il ne ſe
ſeroit pas mis dans la mer pour elle,&
ne ſe fuſt pas noyé : Tout cela, dis-je,
ne fait rien pour ſa preuue : ainçois,
cela preuue que les hommes, voire
les plus ſages, ſont plus foibles que
leurs paſſions , qui les emportent,
comme la contagió emporte en terre
les corps qui la reçoiuent, ſans qu'ils y
puiſſent reſiſter , & par conſequent
qu'ils ſont plus foibles que la chaſte
Suſanne, qui repouſſa les Vieillards,
& ayma mieu x courir à la mort, que
de leur complaire. Cela conſideré,
nous ne nous arreſterons pas d'auantage ſur ce lieu, parce que tout ce que
nous auons desja dit de l'origine de la
femme, & des perfections que Dieu
luy a donnees, demonſtre aſſez clairement, que ce texte ne ſe doit point
prendre au ſeul ſens liberal. Car la

femme vertueuſe vaut touſiours
mieux que l'homme vicieux, voire, &
(comme nous l'auons dit) Dieu l'a
preferee aux hommes plus vicieux,
puis qu'il a voulu que Ieſus-Chriſt
ſon fils bien-aymé ſoit né de la ſemence de la femme , & non de celle
de l'homme. Et ceux qui la meſpriſent, meſpriſent Dieu, qui l'a faicte
propre, pour nous eſtre compagne,
& ayde, & non ſeruante à ceux qui la
receuroient pour compagne, en be-
niſſant le Mariage , & l'honnorant de
la preſence de ſon fils, & de ſes mira-
cles.

De tout ce que nous venons d'eſ-
crire, eſt prouué que la femme eſt
vne excellente Creature, raiſonna-
ble, tres-digne, & plus que digne d'e-
ſtre compagne de l'homme , & par
meſme moyen de conſeiller, de gouuerner & de commander à ſon tour,
l'occaſion & la neceſſité s'en offrant.

Mais puis que noſtre Eſcriuain irrité,
les allegations duquel nous venons
de refuter pour prouuer ſon dire, a
pris la peine de rapporter la vie d'vn
aſſez grand nombre des femmes,
ſemblables en humeurs & en mœurs,
à celles qu'il a aymees & qui l'ont
trompé : Ce qui le fait plaindre &
blaſphemer ſans raiſon contre toutes les femmes, voire & contre ſa pro-
meſſe qu'il a faite, apres auoir dit que
toutes les femmes ſont mauuaiſes, de
louer les bonnes.   Il ſera bien à propos pour le contentement des femmes de bien, que nous deuons tous
aymer pour l'amour de Dieu, qui
nous les a faites & données à cauſe
de leurs vertus, d'amener quelques
exemples pour prouuer qu'elles ont
l'eſprit auſſi ſubtil & auſſi bon que les
hommes, & auec ce les vertus requi-
ſes pour bien conſeiller, bien ordonner, bien conduire & bien comman-

der, & le courage aſſez bon & aſſez
magnanime pour reſiſter à toute ſortes d'attaques.

Que les femmes ont l'eſprit auſſi ſubtil &
auſſi bon que les hommes.

PRemierement ie dis que la femme recogneuſt pluſtoſt l'excellence du ſçauoir (pour l'acquiſition
duquel tous les hommes ſe morfon-
dent encores aujourd'huy ſans le pouuoir acquerir) que l'homme, puis
qu'elle le deſira & rechercha pluſtoſt
que luy. Et que cela marque qu'elle
a l'eſprit non ſeulement auſſi ſubtil
que l'homme, mais encores plus vif
& plus agiſſant. Que ſi elle pecha en
ceſte recherche, & fiſt pecher ſon mary. Ie dis qu'elle eſtoit plus jeune
que l'homme, & ſous ſa garde & conduite. Et que l'homme, à qui Dieu

l'auoit recommandee, & à qui il auoit
defendu de manger du fruict: S'il euft
eu meilleur efprit qu'elle, il l'euft bien
gardee, & empefchee de manger de
ce fruict defendu. Mais il ne le fit pas,
au contraire il en mangea luy mefme. Il n'euft doncques pas l'efprit
plus fubtil, ny meilleur qu'elle; ains
plus foible, & plus debille, puis qu'il
obeit pluftoft à ceux qu'il pouuoit
commander, qu'à Dieu qui l'auoit
creée. Et l'excufe qu'il prend, que fa
femme le luy auoit dit, aggraue pluftoft fa faulte que de l'excufer. Et eft
à prefumer, que fi la femme euft efté
auffi agee, & experimentee comme
luy, qui fçauoit que c'eftoit de viure
feul, & non pas elle, qui ne l'auoit iamais faict & qu'elle euft eu commandement fur l'homme, comme il l'a-
uoit fur elle. Il eft à prefumer, di-je,
qu'elle l'euft bien empefché d'aller au
bled : Car les femmes qui ont du

commandement , se sont bien gar-
dees des surprises, tesmoins Debora,
& la Royne blanche, mere de Sainct
Louys, & la Royne d'Angleterre der-
niere, auec vn million d'autres , que
ie laisse, pour n'estre trop prolixe.

D'ailleurs, les hommes se sont plustost laissez emporter à la cruauté &
au meurtre que les femmes, tesmoin
Cayn & toute sa sequelle : Doncques
les femmes ont aussi bon esprit &
meilleur que les hommes.

Les hommes se sont laissez emporter à l'amour deffendu , plustost
que les femmes comme l'Escriture
Saincte, & mesme les Histoires pro-
phanes nous le tesmoignent : Car ils
rauirent les filles de leurs voisins pour
engendrer les Geans.   Doncques les
femmes ont aussi bon esprit & meilleur que les hommes.

Ceste verité se prouue encore par
l'Histoire des villes de Sodome & Go-

morte. Mais trop & trop clairement,
puisque ces miserables villes furent
embrasées du feu du Ciel par le peché
des detestables ennemis des femmes
que Dieu nous a données. Dieu
vueille conuertir ceux qui les mesprisent & en donner à ceux qui n'en ont
point auec de l'amour & des commo-
ditez à suffisance pour les entretenir.
Car veritablement c'est pitié que d'e-
stre sans femme & sans argent.

***

Que les femmes ont les vertus requises
pour bien conseiller, bien ordonner, bien
conduire & bien commander, auec
le courage assez bon & assez magna-
nime pour resister à toutes sortes d'at-
taques.

S1 les femmes n'auoient toutes les
vertus requises pour bien con-
seiler, bien ordonner, bien conduire
& bien commander, auec le courage

aſſez bon & aſſez magnanime, pour
reſiſter à toutes ſortes d'attaques.
Nous ne trouuerions point de femmes qui l'euſſent faict : Mais les Hiſtoires, qui ſont pour la plus part eſ-
crites par des Maniaques, ennemis
iurez des femmes, nous font foy de
cent millions de femmes qui ont fait
cela : Il s'enſuit neceſſairement, que
les femmes ont toutes les vertus re-
quiſes, pour produire ces beaux effects : Prouuons noſtre dire par les
Hiſtoires.

L'Hiſtoire ſaincte dit, que Debora, auec deux mille hommes qu'elle
auoit ſous ſa conduite, deffit l'armee
de Sizara, qui eſtoit compoſee de
deux cens mille hommes combat-
tans, propheriza, & regna ſagement.
Elle auoit doncques toutes les quali-
tez requiſe pour ce faire.

Dit auſſi, que la belle Iudith con-
ſeilla, & encouragea les ſiens, & apres

fortir la nuict, & s'en alla courageufe-
ment paffer à trauers deſſ'armee ennemie, qui tenoit ſa ville affiegee, entra dans la tente d'Olofernes, qui
eſtoit le chef de l'armée, & luy trencha la teſte, voire, & ſçeut-elle ſi
bien faire, que de s'en retourner la
monſtrer aux ſiens, & les encouragea
tellement, qu'ils (qui auparauant
mouroient de peur) ſortirent & def-
firent l'armee ennemie. Elle auoit
doncques toutes les vertus ſuſdites.

Et pour monſtrer, que non ſeulement les femmes des fidelles ont eu
toutes ces vertus: mais que les femmes Payennes en ſont auſſi eſté pourueuës. Nous liſons dans l'Hiſtoire,
que Tomiris Royne des Maſſajettes
regna fort genereuſement, & deffit
l'armee de Cyrus, qui luy auoit faict
mourir ſon fils, luy trancha la teſte, &
la trempa dans le ſang des ſiens pouſ-
ſee à cela par vne indignation hono-

rable, pour monſtrer que les cruels
meurent par leur cruauté

L'Hiſtoire Romaine dit, que Ta-
naquil femme de Tarquin Priſcus eſ-
leua Seruius Tulius, & luy enſeigna ſi
bien les ſciences qu'il faut pour bien
conſeiller, ordonner, conduire &
commander, que les Romains à cauſe de cela l'eſleurent pour leur Roy,
quoy qu'il fuſt fils d'vne eſclaue. Elle
auoit donc toutes les vertus ſuſdictes.

Cornellie fille de Scypion l'Afri-
cain, eſtans vefue, & chargee de deux
enfans, euſt vn tel Empire ſur elle
meſme, qu'elle refuſa d'eſpouſer Pro-
lomee qui la prioit de le faire : Et in-
ſtruiſit ſi bien ſes enfans, qu'ils furent
des plus eloquens, & plus vertueux
hommes de leur temps. Elle auoit
doncques les vertus ſuſdictes.

Hypſycrate accompagna Mitrida-
tes ſon mary en toutes ſes guerres,

combatant vaillamment aupres de
luy habillee en homme; voire, & leur
armee eſtans à la fin deffaicte, elle le
fit ſauuer à trauers des precipices, des
Rochers & des montagnes, & euſt
ſoing de le traitter, & penſer de ſes
bleſſures, & de nourrir & penſer ſon
cheual iuſques à ſa retraitte. Elle auoit
doncques les vertus ſuſdites.

Vetruria fut ſi eloquente & ſi vertueuſe, qu'elle arreſta Coriolanus ſon
fils, cruellement offencé, & iuſtement
irrité, qui vouloit ruiner Rome, &
le pouuoit faire pour ſe venger des
Romains, qui l'auoient injuſtement
& rigoureuſement offenſé. Elle auoit
doncques toutes les vertus ſuſdites.

Quel homme? euſt-il eu l'eſprit &
l'aſſeurance, eſtant affligé de pauure-
té, de dire à vn Seigneur ce qu'vne
femme Macedonienne dit au Roy
Philippe de Macedoine, qui ne dai-
gnoit luy faire iuſtice? Ou ne ſois

plus Roy Philippes, ou fay moy iufti-
ce. Elle auoit doncques les vertus
fufdictes.

Mais quelle plus grande refolution fçauroit-on trouuer que celle de
Portie femme de Brutus, & fille de
Caton Vticence : elle auoit refolu de
fe tuer pour fuyure fon mary, qui e-
ftoit mort : Ses parens luy ofterent
tous les inftrumens qui la pouuoient
feruir à ceft effect: mais elle fe voyans
dans fa chambre toute feule, print
des charbons du feu tous ardens, & fe
les mit dans la bouche : mais fi auant
qu'elle en mourut tout foudain.

Et Martia fœur puifnee de Portie
ne monftra-elle pas vn grand iuge-
ment & vne refolution forte, lors
qu'elle euft perdu fon mary: Elle fit
veu de ne fe point remarier iamais: Et
enquife pourquoy ? elle refpondit,
tous les hommes dont on me parle
demádent pluftoft la valeur de mon

bien, que celle de ma perſonne, c’eſt
pourquoy ie ne veux point de mary.

Virginie eſtans pourſuyuie par
Appius, qui vouloit iouyr d’elle, &
n’en pouuoit eſchapper par autre
voye, elle tendit le col à ſon pere, &
le pria de luy coupper la teſte, comme
il fit, aimant mieux perdre ſa vie que
ſon honneur.

Mais Lucrece eſtans forcee par le
fils de Tarquin : Ne ſe tua - elle pas
pour ne ſuruiure à ſa honte & pudicité violee.

Clelia ſe voyant baillee à Porcena
pour oſtage, & craignant d’eſtre violee, ne monta-elle pas ſur vn cheual,
& paſſa le Tybre ſans s’eſtonner nul-
lement?

Que s’il eſt queſtion d’vne grande
charité, n’y euſt-il pas l’an 3780. apres
la creation du monde, vne fille de
Rome, qui ayans ſa mere priſonnie-

re, & eſtans empeſchee de luy porter des viures pour l'alimenter, elle demanda qu'on la fouillaſt à la porte de la priſon tant que l'on voudroit:mais qu'on luy permiſt d'entrer tous les iours vers ſa mere, ce que luy eſtant permis, elle y entra tous les iours, & la nourrit du laict de ſes mamelles.

Et ſi l'on demande vn grand ſoing de la ſepulture des amis treſpaſſez, le Mauzolee nous en ſera vne belle remarque, qui fut fait edifier par Arthemiſe Royne de Carie, pour la ſepulture du Roy Mauzolee ſon mary: Et eſt conté pour l'vne des ſept merueilles du monde.

Quand à ce qui eſt de la valeur militaire, nous ne trouuons pas ſeulement vne femme la poſſedant en toute vne prouince : mais nous trouuons que toutes les femmes d'vn Royaume ſe demonſtrent vaillántes par leurs effects, teſmoin l'Hiſtoire qui

dit que les femmes de Sparte vain-
quirent Pyrrhe Roy des Epirotes, &
defirent fon armee, mefme que l'vne
d'entr'elles le tua par vn coup de pier-
re qu'elle ietta.

Les Numantins eftans affiegez
par les Romains, & preffez par la fa-
mine voulurent fortir de la ville & fe
fauuer par les bois & montaignes:
mais leurs femmes ne fe voulans pas
rendre lafchement, pour furuiure à
leur ruyne coupperent les fangles de
leurs cheuaux, & par ce moyen elles
les contraignirent de demeurer & de
combattre vaillamment & mourir
auec elles.

A la bataille que les Romains don-
nerent aux champs Raudiens contre
les Cymbres, les femmes des Cymbres voyans que Marius leur refufoi
la permiffion qu'elles luy deman-
doient de fe rendre Religieufes, pour
le refte de leurs iours, & qu'il les vouloit

loit mener captiues, elles se resolu-
rent de combattre vaillamment iusques à l'extremité, où estans en fin
reduittes par la trop grande puissance de leurs ennemis, elles aymerent
mieux se tuer toutes les vnes les autres que de se rendre.

La femme du Roy des Galates,
nommee Orgiagon, ayant esté violee par vn Centenier Romain, elle
fit tant qu'elle trencha la teste à ce
Centenier, & la porta à son mary,
comme vn trophee de sa pudicité,
qu'on luy auoit voulu rauir.

La femme d'Adrubal voyant la
ville de Cartage prise par les Romains, ayma mieux se precipiter d'vn
toict en bas, que d'estre leur esclaue.

Conrat 3. Empereur, ayant pris
vne ville sur les Catuls, retint les hommes prisonniers, & permit aux femmes de charger de leurs richesses tant
qu'elles en pourroient porter sur

G

leurs perſonnes : mais elles aymerent
mieux ſe charger de leurs enfans que
de leurs biens. Quoy entendu par
l'Empereur il leur permit de les porter, & tous leurs meubles auſſi.

Quand à la doctrine plus releuee,
Sybille fille de Dardanus fuſt ſi ſça-
uante à propheriſer, que toutes les
Prophetereſſes depuis elle ſont eſté
nommees de ſon nom, Sybilles.

Gallien eſcrit pour vne choſe tres-
aſſeuree, que les femmes ont inuen-
té la Medecine, & Socrates, & auſſi
Hyppocrates ont eſcrit le meſme pluſtoſt que luy.

Anna fille de Phanuel eſtoit Propheteſſe, & prophetiſa au Temple,
quand Ieſus-Chriſt y fut porté.

Les quatre filles de Phillippes pro-
pheriſerent à ſainct Paul ſon empeſ-
chement.

Il y a dix Sybilles remarquables, entre vn nombre infiny d'autres, parce

qu'elles ont predit les choſes plus di-
ficiles à deuiner, & plus reculees des
ſentimens, & de la raiſon de l'homme, deſquelles predictions tous les
hommes plus ſages, & plus doctes
ſont en admiration : Et Lactance Fir-
mien en eſcrit amplement, comme
auſſi pluſieurs autres autheurs, & an-
ciens & modernes, elles ſe nom-
moient la 1. Perſienne, la 2. Lybien-
ne : la 3. Delphienne : la 4. Cumen-
ne : la 5. Erithree : La 6. Samiedne :
la 7. Cumane nommee Almathee,
ou Demophile : la 8. Helleſponti-
que : la Phrigienne : la 10. Tibulti-
ne nemmee Albumea.

Minerue, où Pallas fut eſtimee
Deeſſe de la ſcience à cauſe de la poſ-
ſeſſion qu'elle en auoit.

Caſſandre fille du Roy Prian eſtoit
Propheteſſe tres-digne, mais ſi chaſte, qu'Appollon ne peut iamais iouyr
d'elle, & s'en voyans vaincu, fut ſi ou-

tré de despit, que ne luy pouuans o-
ster le don de chasteté, & de Prophe-
tesse qu'elle possedoit, il osta à ses au-
diteurs le bien de la croire.

Lelia Sabine, fille de Silla, estoit
si sçauante qu'elle enseigna son pere
en l'Art Oratoire, & si bien que par
ses leçons, il surmonta tous les hommes de son temps en éloquence.

Les Matronnes Romaines estans
oppressees par Octauian, Marc-An-
toine, & Lepide, & ne trouuans pas
vn homme assez hardy pour plaider
leur cause, eurent recours à Horten-
sia, laquelle plaida si bien & si ele-
gamment, qu'elle emporta le prix
pour elles.

Lastemia femme Grecque, estoit
si sçauante, & de si bon entendement,
que Platon estimoit n'y auoir esprit
en son temps qui fust capable de di-
gerer sa doctrine à perfection, que
celuy de ceste femme.

Axiothea, compagne de Lastemia en l'estude des bonnes lettres, est estimee par le mesme Platon, la meilleure memoire de son siecle.

Aretha fille d'Aristipe, fut si docte en la Philosophie Socratique, qu'apres la mort de Socrates l'on eut opinion que son esprit fust passé en elle, aussi elle l'eut publiquement en Athenes l'espace de vingt cinq ans, & eut cent dix Philosophes pour disciples, & composa quarante liures.

L'Histoire fait foy que Pithagoras qui a esté le premier des Philosophes, auoit apris le meilleur de sa science de sa sœur Themistoclea.

Dama, fille de Pythagoras, estoit si docte, que les paroles qu'elle disoit en discours familiers estoient plus doctes, & mieux receuës des hommes de bon entendement, que celles que son pere disoit, en enseignaut en pleine Academie.

Carmenta, ou Nicoftrata, eftoit femme du Roy Euandre, qui regnoit en Italie, quand Enee y arriua, & efcriuit fi doctement de la guerre de Troye, que depuis quelques vns firent perdre fes efcrits pour fauorifer Homere. Elle prophetifa la fondation, & tout le fuccez de Rome. On luy a attribué l'inuention des lettres Latines.

Barfine fut fi fçauante, & nommément és langues Latines & Grecque, que quoy qu'elle ne feuft belle de corps, ne riche des biens de la fortune : Alexandre le grand fut fi amoureux d'elle pour fes vertus qu'il l'efpoufa.

Mirthis Royne de Lidie fut plus fçauâte qne les plus doctes hommes de fon temps.

Afpafia femme de Pericles fit profeffion publique de Philofophie & Rethorique.

Demophile Grecque femme de Pamphile, & compagne de Sapho, fit deux traittez, l'vn touchant l'Amour, & l'autre la Chasteté, qui ont esté admirez de tous les doctes de l'Antiquité.

Hipathia natifue d'Alexandrie, & fille de Theon, grand Mathematicien, fut tres-sçauäte en philosophie, & Astronomie, fit profession d'enseigner ces sciences, & plusieurs autres, & euft vn fort grand nombre de Disciples.

Leontine la Grecque en son ieune âge escriuit vn Panegerique touchât la vie de Theophraste : mais si heureusement, & si doctement, que tous les doctes de la Grece l'en eurent en admiration.

Phemonee Prestresse d'Apollon en Delphes, inuenta les vers heroïques, qui sont semblables à ceux qu'on dit en François vers Alexandrins.

Solpatra Lydienne, & deuineresse, auoit tant de sciences, que ceux qui la cognoissoient auoient opinion qu'elle estoit instruitte des Dieux.

Tenobia Royne des Palmerins, entendoit & parloit fort bien les langues Grecque. Latine & Egyptienne: Elle fit vn beau liure d'Epitomes. Et de plus toute armée auec le heaume en teste, prononçoit de belles harangues à ses soldats au iour de la bataille, pour les animer à bien faire. Elle instruisit si bien ses enfans, qu'ils furent des meilleurs de leur aage.

Lactance Firmian dit, que Themiste, femme Grecque, à mieux entendu la phisophie que tous les Philosophes.

Diotema Grecque fut si docte que Socrates tenoit à grand honneur qu'on le nommoit son disciple.

Plutarque dit, que Thargelia seule illustra la philosophie.

Telesilla

Telesilla estoit si exellente qu'en Argos, pour la memoire de son grád sçauoir, luy fut faicte vne statue deuant le Temple de Venus.

Hipparchia estoit Grecque, tant excellente en Philosophie, que Laërtius & autres Philosophes ont escrit plusieurs liures à sa loüange.

Eudoxia femme de Theodore le jeune, fut loüce d'excellente beauté, d'admirable Chasteté ; & de grand sçauoir.

Istrine estoit femme d'Aripithis Roy des Scytes, elle mesme enseigna à son fils la langue & les lettres Grecques.

Que si nous voulions emmener toutes les femmes vertueuses de l'antiquité, tant du peuple Payen, que du peuple de Dieu : tant des Hebrieux, que des Chrestiens, ce ne seroit iamais faict. Car le nombre en est presque infiny : c'est pourquoy nous

n'en nommerons pas d'auantage ;
ains conclurons le present discours en
ceste sorte.

De tous ces tesmoignages il est
euident, qu'il y a eu vn fort grand
nombre de femmes excellentes en
subtilité & bonté d'esprit, en pruden-
ce, en continence, en magnanimité
ou grandeur de courage, en iustice, en
equité, & bref en toutes sortes de vertus, ce qui ne seroit pas, si comme disent les ennemis des femmes, les
femmes estoient incapables de toutes vertus, & non seulement enclines
mais assubiecties à toutes sortes de vices. Quand à ce que l'Autheur de la
Malice des femmes allegue des femmes vicieuses & desbordees, pour
prouuer que toutes les femmes ne
valent rien. Ie dis qu'il est du tout foible pour cest effect, & doit estre supri-
mé, à fin que les femmes malicieuses
ne se seruent d'vn semblable argu-

ment, pour prouuer que tous les
hommes ne valent rien. Car si elles
venoient à le faire elles penseroient
auoir gain de cause, par ce qu'elles
trouueroient le plus grand nombre
des hommes estre peruerty & cor-
rompu, & d'ailleurs qu'elles pourroient dire, que si elles sçauent quelques meschancetez, les hommes les
leur ont enseignees, par ce qu'ils les
ont inuentees, & practiquees plustost
qu'elles, & pourroient elles prouuer
leur dire par les Histoires sainctes, &
par les profanes : voire par les Dome-
stiques de ce temps : Car ç'a esté
l'homme qui le premier à esté impa-
tient, & c'est faché d'estre seul. C'a
esté luy qui premier a failly au deu de
sa charge : car il deuoit empescher la
femme, qui estoit sous sa conduicte,
de manger du fruict deffendu, & cependant il en mangea luy-mesme
contre la deffence que Dieu luy en

auoir faicte: C'a esté l'homme qui a
fait le premier meurtre & fratricide,
d'où appert qu'il à eu l'enuie, & la
cruauté pluftoft que la femme, & par
mefme moyen l'iniuftice. C'a efté les
hommes, qui les premiers ont pratiqué l'amour deffendu, quittans in-
conftamment les filles des fidelles,
& fe conioignans à celles des enfans
de la terre, infidelles, d'où nafquirent
les Geans. Ils font donc efté les premiers à prattiquer l'inconftance & l'a-
dultere, voire font eux les premiers
qui ont pratiqué les vices defnaturez,
tefmoins Sodome & Gomorre. C'à
efté l'homme qui le premier s'eft en-
yuré, tefmoin l'hiftoire fainéte, qui
dit que Noé planta la vigne, & s'eny-
ura, & mefme que Chan fon fils fe
mocqua de luy, d'où appert que
l'homme a efté mefcontant, fautif,
des-obeiffant, Auare, enuieux, cruel,
meurtrier, Adultere, defnaturé, yure,

ingrat, meschant & mocqueur de son
pere, & bref peruerty de sa bonne
nature, ingrat enuers Dieu & enuers
ses parens, plustost que la femme :
De façon, que quand les mauuaises
femmes diroient qu'elles n'ont rien
de mauuais, ny en leur nature ny en
leurs actions, qu'elles ne le tiennent
des hommes, elles le pourroient
prouuer par raisons & tesmoignages
autentiques : Car de dire, que Dieu ait
rien mis de mauuais à la composition
de la femme, si ce n'est la coste de l'hó-
me, ce seroit blasphemer, & de dire
que les actions des femmes, dont
l'Autheur de la malice des femmes les
accuse, sont mauuaises, c'est prouuer
que les hommes qui (comme nous
venons de prouuer) les leur ont enseignees sont mauuais, & par conse-
quent donner gain de cause aux mauuaises femmes, qui disent que tous
les hommes ne valent rien. Il vaut

doncques mieux laisser les mauuaises femmes chez elles, & aymer & ca-
resser les bonnes, comme Dieu l'a
ordonné, que d'entrer en ces debats
inutiles, & y desesperer & perdre le
temps, comme l'Autheur de la Malice des femmes.

FIN

Priuilege du Roy.

LOVIS par la grace de Dieu Roy
de France & de Nauarre: A noz
amez & feaux, les gens tenans nos
Cours de Parlement, Preuost de Paris ou son Lieutenant ciuil, Seneschaux de
Lyon, Poictou, Bailly de Troyes & Orleans,
& tous nos autres Iuges & Officiers qu'il ap-
partiendra, chacun endroit soy, salut : Nostre bien-Amé Iulien Iacquin Maistre Im-

primeur en ceſte noſtre bonne ville de Paris,
Nous a humblement fait remonſtrer, qu'il
auroit recouuré vn petit liure intitulé, *La
perfection des Femmes, & l'imperfection de ceux qui
les meſpriſent, par Honorat de Menier Prouençal:*
Lequel liure il deſireroit volontiers imprimer, nous requerant luy en vouloir Octroyer
nos lettres & priuilege, que nous luy auons
volontiers accordees. A CES CAVSES
nous auons audit Iacquin permis & permet-
tons par ces preſentes, imprimer & faire imprimer ledit liure cy deſſus, & iceluy vendre
& diſtribuer pendant l'eſpace de cinq ans, à
conter du iour qu'il ſera parachcué d'imprimer la premiere fois, ſans que pendant ledit
temps aucuns auttes Imprimeurs & Lihrai-
res le puiſſent imprimer ne vendre, ſans le
vouloir & conſentement dudit expoſant, à
peine de cinq cens liures d'amende, de con-
fiſcation, & de tous deſpens, dommages &
intereſts : A la charge d'en mettre deux exẽ-
plaires en noſtre Bibliotecque de ceſte ville
de Paris. Et voulons qu'en mettant par ledit expoſant au commencement ou à la fin
dudit liure le contenu en bref de ces preſentes, elles ſoient tenuës pour deuëment ſigni-
fiees. SI vous mandons que de ces preſen-

tes vous faciez ledit expofant iouyr pleine-
ment & paifiblement, fans permettre qu'il
luy foit donné aucun empefchement au
contraire: C A R tel eft noftre plaifir, non-
obftant Clameur de haro, Chartre Norman-
de, & quelconques autres chofes.   Donné
à Paris le vingt-troifiefme iour de Mars, l'an
de grace mil fix cens vingt-cinq, & de noftre regne le quinziefme.

Par le Roy en fon Confeil.

DE LA REBERTIERE.